Os Dez Mandamentos do Caminho de Santiago de Compostela

Imagem do Apóstolo (Catedral).

Dados Internacionais de Catalogação na Publicação (CIP)
(Câmara Brasileira do Livro, SP, Brasil)

Viana, Renato Luiz Lucatelli
  Os Dez Mandamentos do Caminho de Santiago de Compostela / Renato Luiz Lucatelli Viana. -- São Paulo : Editora Pillares, 2010.

  1. Peregrinos e peregrinações 2. Santiago de Compostela - Descrição e viagens 3. Santiago de Compostela - História I. Título.

10-07212   CDD-291.35094611

Índice para catálogo sistemático:
  1. Santiago de Compostela : Peregrinações : Prática religiosa : Religião comparada 291.35094611

ISBN 978-85-89919-86-9

Os Dez Mandamentos do Caminho de Santiago de Compostela

Renato Luiz Lucatelli Viana

São Paulo – SP
2010

© Copyright 2010 by Editora Pillares Ltda.

Conselho Editorial:
Armando dos Santos Mesquita Martins
Gaetano Dibenedetto
Ivo de Paula
José Maria Trepat Cases
Luiz Antonio Martins
Wilson do Prado

Revisão:
Carla Faria Silva Mamede
Maria Inez Lorena
Newton Luís Mamede

Editoração e capa:
Triall Composição Editorial Ltda.

Editora Pillares Ltda.
Rua Santo Amaro, 586 – Bela Vista
Telefones: (11) 3101-5100 – 3105-6374 – CEP 01315-000
E-mail: editorapillares@ig.com.br
Site: www.editorapillares.com.br

TODOS OS DIREITOS RESERVADOS. Proibida a reprodução total ou parcial, por qualquer meio ou processo, especialmente por sistemas gráficos, microfílmicos, fotográficos, reprográficos, fonográficos, videográficos. Vedada a memorização e/ou a recuperação total ou parcial, bem como a inclusão de qualquer parte desta obra em qualquer sistema de processamento de dados. Essas proibições aplicam-se também às características gráficas da obra e a sua editoração. A violação dos direitos autorais é punível como crime (art. 184 e parágrafos, do Código Penal, cf. Lei nº 10.695/2003) com pena de prisão e multa, conjuntamente com busca e apreensões e indenizações diversas (Lei nº 9.610, de 19-02-98).

Impresso no Brasil

Dedicatória

Dedico este livro a minha querida Mãe, que sempre me apoiou a fazer o Caminho, a minha esposa, Valéria, que soube entender e compreender a minha ausência; e a todos que, por motivo de saúde, não puderam realizar essa rota de fé.

Colaboração

- Tamareiras Park Hotel
- Construtora Toubes
- Antonio Fernando Bonisatto (Master Line do Brasil Ltda.)
- Tião Silva Tecidos
- América Negócios Imobiliários

Agradecimentos

Quero agradecer, indistintamente, a todos os peregrinos e hospitaleiros que conheci ao longo dos meus dez Caminhos a Santiago.

José Amilcar, o primeiro a me incentivar; Edson, a primeira Palestra; Márcio, de São Paulo; Miguel, de Madrid; Sonia, Marita e Sandra, de Uberaba; Antônio, de Zaragoza; Cléo, Eleusa e Adélia, baianas; Rafael, de Lugo; Javier, do País Basco; Sr. Juan, de Alicante; Leonm, do Rio de Janeiro; Kamyar, iraniano; Manolo, de Santiago de Compostela; Padre Júnior; Paulo Sarkis; Crozara, Francisco, Renata Junqueira, TV Universitária; Edvaldo Santos, TV Bandeirantes; Carlos A. Pereira, Revista Top Empresarial; Engenheiro João Eurípedes Sabino, Livro o Andarilho; Bethoven, Caminho dos Dinossauros; Engenheiro Silvio Rodrigues da Cunha, incentivador das Palestras nas travessias atlânticas e miniperegrino a Santiago; Encontro de peregrinos em Maceió, Rio de Janeiro, Jaguariúna, Santana de Parnaíba, Caminho do Sol, Pirinópolis; mestre Antônio Alencar Sampaio; Rúbia, brasileira em Madrid; Janete, peruana; Pablo Burgos, Da. Gisele, Renilde e Vera, de Maceió; Marcela, Dinamarca; Mário Martinez, Granada; Da. Irene e Maria das Graças, Jundiaí; Sabrina, França; Gregor, Alemanha; Cristian, Chile; Pedro e Mari Carmem, Espanha; José Antônio, Rio de Janeiro; Manuel, Pontevedra; Tomás, Madrid; Jesus, México; Justo Redondo, Madrid; Jannie, Holanda; Julia, Áustria; Juliana Viana, Espanha; Juan Bonet, Barcelona; Alicia, Itália; Ângelo, Espanha; Rodrigo Ferreira Costa, digitador; Professores Newton Luís Mamede e Carla Faria Silva Mamede – Revisores.

Pareceres

O peregrino Renato é um dos grandes entusiastas do Caminho de Santiago, tendo-o percorrido por 10 Caminhos alternativos.

Desde o nosso primeiro contato, que foi em função do Caminho, pude sentir sua plena identificação e entusiasmo com essa peregrinação. Fez o seu primeiro Caminho e se maravilhou, repetindo-o nos anos seguintes.

Como todo peregrino autêntico, ele sabe o que encontrou lá: uma profunda ressonância do Caminho no íntimo do seu coração. E isso ocorre como uma catarse no dia a dia daquela caminhada e com cada um dos caminhantes que percorrem com sinceridade e com autêntico Espírito Jacobeo.

Renato fez isso e se propõe, neste trabalho, compartilhar sua experiência com os futuros peregrinos, fornecendo-lhes informações úteis sobre a peregrinação. Algo que não tem apenas base teórica, mas prática vivencial, de quem empreendeu a jornada de mais de 800 quilômetros de Saint-Jean-Pied-de-Port, na França, até a cidade de Santiago de Compostela, na Espanha, e, no caso dele, até Finesterre e Múxia.

Esta sua iniciativa vem na direção dos objetivos da Associação dos Amigos do Caminho de Santiago de Minas Gerais, da qual ele é um dos fundadores e entusiasta de primeira hora.

Buscamos, por meio da Associação, compartilhar nossa magnífica experiência no Caminho com todos os interessados no tema, promovendo palestras, encontros, reportagens e, agora, este livro de autoria do Renato que, sem dúvida, ajudará a muitos a empreender a jornada com mais subsídios.

Parabenizo o amigo Renato pelo seu esforço e doação por proporcionar-me a oportunidade de me manifestar sobre sua obra.

"ULTREYA ET SUSEYA!"

Edson Soares de Oliveira
Presidente da Associação dos Amigos do
Caminho de Santiago de Minas Gerais

Os Dez Mandamentos do Caminho de Santiago de Compostela

Foi por meio da ACACS-São Paulo que o Peregrino Renato conseguiu a sua primeira Credencial de Peregrino, quando em 2000 fez a sua primeira peregrinação a Santiago.

A ACACS-SP parabeniza o Peregrino por proporcionar, por meio de sua obra, o livro com os 10 mandamentos dos peregrinos, informações preciosas para que os futuros peregrinos possam percorrer o Caminho de Santiago com tranquilidade.

Paulo Bertechini
Presidente ACACS-São Paulo
(2009-2011)

Quando se fala em Caminho de Santiago, aquele que escuta pode ter várias reações: ficar interessado, talvez pasmo, pode chamar você de louco ou, ainda, seus olhos podem brilhar, mas o que nunca ocorre: o seu ouvinte ficar sem reação.

Assim é o Caminho. Tanto para quem o fez como para o futuro peregrino ou até para aquele que só ouve falar nele, uma gama de sentimentos aflora, e não se sabe explicar o porque. Ele encanta, faz rir, faz chorar, refletir, louvar, ter fé, ter esperança. Uma aventura, uma busca espiritual, autoconhecimento? Ele dá espaço para que se reinvente a própria vida.

E é assim quando se pensa em fazer o Caminho.

Prepara-se principalmente o coração e a alma. Os outros itens vão se somando, o preparo físico se aprimorando e, de repente, com muita ansiedade, eis que surge a primeira seta amarela.

Um aperto, uma euforia, tanta coisa misturada, muita coisa com cheiro de mofo que tem que ser colocada ao sol.

E é assim o Caminho: uma faxina na alma.

Buen Camino, Peregrino RENATO.

Ines Serpa
Presidente AACS do Rio de Janeiro

Os Dez Mandamentos do Caminho de Santiago de Compostela

Vigor del Camino

"El camino de Santiago creó uma vigorosa corrente espiritual y cultural de fecundo intercambio entre los pueblos de Europa.

Pero lo que reamente buscaban los peregrinos com su actitud humilde y penitente era esse testimonio de Fe que parecen resumar.

Las Piedras compostelanas com que está construída la Basílica Del Santo."

Juan Pablo II
Peregrino en Compostela 9-IX-1982

Antífona

Oh! Bienaventurado Apóstol, que, escogido entre los primeros, fuiste El primeiro de Los Apostoles que mereciste beber el cáliz Del sañor!

Oh! Gloriosa Nación Española, fortalecida com tal patrón y enriquecida com la prenda de su Santo Cuerpo, por cuya intercesión te hizo tan grandes favores el todo poderoso!

Ruega por nosotros Bienaventurado Santiago.

PARA QUE SEAMOS DIGNOS DE LAS PROMESSAS DE JESUCRISTO.

Os Dez Mandamentos do Caminho de Santiago de Compostela

Depois de vários Caminhos alternativos a SANTIAGO DE COMPOSTELA, um orgulho para mim, quero, por meio deste livro, tentar dar minha parcela de colaboração ao futuro peregrino.

Com as experiências adquiridas sei que os Dez Mandamentos poderão ajudar, de uma maneira simples e eficaz, como realmente o peregrino precisa ser.

A simplicidade do livro será como o verdadeiro peregrino, simples, humilde, vestido de um manto, que traduzirá a verdadeira humildade dentro de uma solidariedade, que é o verdadeiro objetivo do peregrino e da peregrinação.

A falta de informação, para muitos, é consequência fatal para não desfrutar dessa rota de fé. Vamos simbolizar os Dez Mandamentos em situações importantes ao futuro peregrino.

Foi no ano de 2000 o meu primeiro desafio a Santiago de Compostela. Chego agora a 2010, apto para escrever os Dez Mandamentos do Caminho de

Santiago de Compostela, uma missão pessoal e de vontade de colaborar com o futuro peregrino.

Não sou escritor, sou um decaperegrino.

Esta não será uma obra literária, mas uma colaboração ao futuro peregrino e algumas recordações daqueles que trilharam essa rota de fé e coragem, curtindo o glamour do Caminho Francês, passando por figuras marcantes, que fizeram e fazem a história do Caminho.

Jeanne Debrill, a poderosa Madame Debrill, uma espécie de Guardiã do Caminho em Saint-Jean-Pied-de-Port. Dona Felisa, em Logronho, com suas frutas de época. Padre José Maria, com a tradicional sopa de alho em San Juan de Ortega. Hontanas Vitorino com seu famoso El Porrón, uma maneira diferente de tomar vinho, da testa até a boca. Pablito, um peregrino de Azqueta, oferece cajado gratuitamente ao peregrino. Jesus Jato, em Villafranca Del Bierzo, com sua famosa queimada com bebidas. Tomás de Manjarin, personagem folclórico de origem Templária. Cruz de Ferro, Acácio e Itabira, hospitaleiros brasileiros. Santiago Zubiri, hospitaleiro aposentado, com um Museu em Zubiri. Mel e Queijo do Cebreiro. Pulpo (Polvo) de Melide. Vitrais, na catedral de Leon. Ermita, de Eunate. Ponte da rainha e cruz em Y, Puente de La Reyna. Mantegadas e Cozido Maragato de Astorga. Torta de Santiago. O Menu do Peregrino no Restaurante Manolo, em Santiago.

Os Dez Mandamentos do Caminho de Santiago de Compostela

Consulado Brasileiro em Castrojeriz, no Bar do Tonho e Maria, donos do lendário Cachorro Berne. Levar uma pedra para colocar na Cruz de Ferro. Ouvir o Canto do Galo em Santo Domingo de La Calzada. Adega de Irache. Ruínas de San Anton. Arroyo San Bol. Cerejas, framboesas, uvas, maçãs, peras, figos, nozes. Restos mortais de El Cid no solo da Catedral de Burgos.

Sumário

OS DEZ MANDAMENTOS DO CAMINHO DE SANTIAGO DE COMPOSTELA

1. Conhecer a História 23
2. Querer fazer o Caminho 31
3. Tomar Atitude 37
4. Escolher um Caminho 43
5. O que Levar 51
6. Conviver em Albergue 61
7. Ir a Missa 71
8. Eliminar a Ansiedade 75
9. Ser Condecorado 81
10. Chegar a Santiago, Múxia e Finesterre 87

Cidade de Saint-Jean-Pied-de-Port (França).

Primeiro Mandamento
Conhecer a História

É de fundamental importância conhecer a história, pois muitos percorrem o Caminho sem essa informação.

Santiago, em Espanhol, é São Tiago para nós, filho de Zebedeu e de Salomé. Nasceu num lugar perto de Nazaret, chamado Yafía, irmão de São João Evangelista, família de pescadores no lago de Tiberíades. Acompanhou Jesus durante os três anos da sua vida pública. Alguns fatos mostram que São Tiago era do grupo dos três mais íntimos, como por exemplo: na transfiguração do Tabor, estavam com ele Pedro, São Tiago e João; também estava com Pedro e João, na ressurreição da filha de Jairo, e o mesmo na sua agonia em Getsêmani.

Quanto ao seu caráter, São Lucas conta que, indo para Jerusalém, ao passar por uma aldeia de Samaria, não o quiseram acolher, e São Tiago, juntamente com o seu irmão, queriam que viesse fogo do céu e os consumisse.

Noutra ocasião, pediram a Jesus para ser os primeiros, por cima de Pedro. Isto parece mostrar neles um temperamento e um caráter forte e decidido.

Por isso Jesus pôs-lhes o nome de Boanerges, que significa Filhos do Trovão.

Jesus tinha-lhes dito: sereis minhas testemunhas, em Jerusalém, toda a Judéia e até ao fim da Terra. Tinha, pois, que anunciar ao mundo o Evangelho.

Um verdadeiro Apóstolo de Jesus Cristo, que, de acordo com as precárias narrações dos primórdios do Cristianismo, foi a Galícia (Espanha) que São Tiago escolheu para levar a mensagem de Jesus Cristo, logo depois de sua morte em Jerusalém. Teria chegado à Ibéria, uma Província do Império Romano, e ficado ali por cinco ou seis anos.

São Tiago pregou do litoral ao interior e, de volta à Palestina, por ciúmes, foi decapitado em Cesareia, nas mãos do Rei Judaico Herodes Agripa, que proibiu, até mesmo, que ele fosse enterrado.

Seus restos foram lançados fora dos muros da cidade, mas, pouco antes de morrer, São Tiago, no seu pedido de última vontade, pediu a dois de seus discípulos, Atanásio e Teodoro, que seu corpo fosse levado de volta à Ibéria, onde teria passado parte de

Os Dez Mandamentos do Caminho de Santiago de Compostela

sua vida, evangelizando, pregando a palavra de Jesus Cristo.

Seus restos, assim, teriam sido depositados em uma Tumba de Mármore e levados num barco até à cidade de Iria Flavia – hoje Padrón, às margens do Rio Ulla, e nesse difícil trajeto foram agregadas em sua Tumba de Mármore várias conchas, que simbolizam os vários Caminhos que levam a SANTIAGO DE COMPOSTELA, e hoje símbolo do Peregrino.

A viagem seguiu por terra até um bosque chamado Libredón, onde ele teria sido enterrado no ano 44 d.C.

Esquecido durante séculos, em 813 um Eremita de nome Pelagio, segundo a lenda, sendo guiado por uma Chuva de Estrelas (Compostela), chegou ao Bosque de Libredón. No ponto exato onde as estrelas caíram, estava enterrado o corpo do Apóstolo.

O Bispo de Iria Flavia, Teodomiro, ordenou que fossem feitas escavações e logo encontraram os ossos do Apóstolo Tiago. Rapidamente a notícia se espalhou e pessoas começaram a se deslocar até o local, para conhecer a Tumba.

Afonso II, Rei de Astúrias, mandou construir uma singela capela de barro, pedra e madeira em honra a São Tiago, proclamando-o Padroeiro e Guardião de todo o seu reino. Em pouco tempo, uma cidade levantava-se em torno daquele bosque, logo chamada de Compostela, etimologicamente derivado do latim *Campus Stellae*, ou seja, Campo de Estrelas.

No ano de 899, Afonso II ergueu uma Basílica com colunas de mármore sobre o rústico templo edificado por seu pai. Em 1075 foram iniciadas as obras da atual Catedral, cinco vezes maior que a anterior.

Logo, ir à Tumba Apostólica para cumprir promessas, redimir pecados, buscar raízes de religiões mortas ou simplesmente aventurar-se em uma terra distante, transformou-se em peregrinação. Muitos historiadores consideram o Caminho de Santiago uma coluna vertebral da unidade cultural europeia.

O escritor alemão Johann Wolfgang Goethe (1749-1832) escreveu que a Europa foi feita peregrinando a Compostela.

Em 1987, o Caminho foi declarado o primeiro itinerário europeu pelo conselho da Europa e, em 1992, "Patrimônio da Humanidade", pela UNESCO.

Assim nascia o mito de São Tiago e de uma das mais famosas rotas de peregrinação. Com Roma e Jerusalém, Santiago forma as três rotas de fé mais importantes. Quem vai a Roma é romeiro, a Jerusalém é palmeiro, uma celebração com os galhos das palmeiras aos guerreiros vitoriosos, e o verdadeiro peregrino a Santiago de Compostela.

Tradições escritas dos primeiros séculos e narrações orais de muitos lugares da Galícia e Espanha falam de suas pregações.

Por isso o encontro com o túmulo de São Tiago, que hoje está por baixo do altar maior numa Urna de Prata, na Catedral de Santiago de Compostela, e com a sua "memória" é aproximar-se de quem foi testemunha dos feitos salvadores do senhor Jesus Cristo. É aproximar-se das mesmas raízes da fé.

Existem muitas polêmicas acerca do Santo. Certa vez, em um jornal (periódico) espanhol, um jornalista escreveu que São Tiago jamais teria estado na Espanha e que tudo isso não passava de uma chama acesa, para manter a crença do Catolicismo. As opiniões se divergem. Alguns cobram da igreja um exame do Carbono 14 nos restos mortais, que se encontram na Catedral, para dar maior credibilidade, pois nunca houve divulgação desse exame.

Divergências à parte, como na política, esporte e religião, temos que acreditar em alguma coisa, pois, tudo está entre a verdade, mentira, história e lenda.

Alto dos Pirineus.

Segundo Mandamento
Querer fazer o Caminho

Conhecendo um pouco a história de São Tiago, passamos ao segundo mandamento, que nada mais é que "Querer" fazer o Caminho de Santiago de Compostela.

Na vida sempre temos vontades e às vezes queremos certas coisas que parecem ser impossíveis. Fazer uma rota de fé é uma opção muito pessoal, pois é de fundamental importância querer fazer o Caminho, para adequar o espírito peregrino, vestindo o manto peregrino. Somos capazes de fazer qualquer Caminho, basta ter a sensibilidade do querer. Se eu quero, eu posso.

Certa vez, questionaram o líder chinês MAO-TSE-TUNG sobre como teria caminhado mais de 1.000 quilômetros com seu exército, ao que ele simplesmente respondeu: "Dando o primeiro passo". E assim somos nós! Temos que dar o primeiro passo.

Quando em 1999 me pré-determinei a fazer o Caminho, senti muita vontade de fazê-lo, e para isso, com certeza, fortaleceu-me dentro de uma estratégia pessoal: programei-me e conquistei o objetivo de fazer o meu primeiro Caminho. Quando termina, fica a sensação da conquista e dá vontade de recomeçar, pois o ganho espiritual é imenso e a ele ainda se agregam os conhecimentos, que nos enriquecem plenamente, com a introspecção, que nos envolve e nos dá uma lapidação muito pessoal, porque na vida temos que trabalhar para viver, e não viver para trabalhar.

Uma reflexão pessoal que se conquista ao longo do Caminho, sem contar as amizades, cultura, culinária e o ponto mais alto do Caminho, que é a solidariedade das pessoas de todas as nacionalidades, que se tem a oportunidade de conhecer ao longo da sua caminhada.

Fazer o Caminho por modismo, sem conhecimento básico, estará fadado ao insucesso. O Caminho pode ser resumido de várias maneiras, como uma longa trilha que desafia tarimbados caminhantes.

Uma viagem pelos interiores de uma Europa primitiva, de hábitos camponeses e religiosos, onde o tempo parece estacionado na Idade Média. O Caminho pode ser entendido ainda como uma peregrinação mística em busca de autoconhecimento. É também uma jornada entre belos monumentos

Os Dez Mandamentos do Caminho de Santiago de Compostela

arquitetônicos, que variam dos estilos românico e gótico até Gaudi, o famoso arquiteto espanhol que concebeu um Palácio Episcopal na cidade de Astorga.

A Espanha, ao longo dos tempos, foi invadida por várias civilizações: árabes, monzarabes, turcos, celtas, mouros, enfim, é possível desfrutar de resquícios dessas civilizações ao longo dos diversos Caminhos alternativos a Santiago de Compostela.

No fundo, o Caminho de Santiago agrega todos esses conceitos e mais, transformados e glorificados numa recriação simbólica da passagem do Apóstolo Tiago pelo norte da Espanha na época cristã.

"Você não pode seguir o Caminho antes de ter se tornado o próprio Caminho." (Buda)

Apesar de Sirdatha Gautama, o Buda, ser difusor de uma religião oriental diferente dos preceitos cristãos, que consagram o Caminho de Santiago, a fé, acima de todos os dogmas, une as religiões. E o verdadeiro Caminho está na vida feita de fé.

Fé e Caminho são ideias unidas no ato de peregrinar.

Portanto, para sua glória e sucesso, é preciso "querer" fazer o Caminho.

Roncesvalles (Espanha).

Terceiro Mandamento
Tomar Atitude

Depois de querer fazer o Caminho de Santiago de Compostela, é preciso tomar atitude.

O nosso terceiro mandamento é tomar atitude, já que sempre adiamos nossas decisões. Temos ideias, vontades, mas, às vezes, relaxamos e não concluímos nossos desejos.

A palavra chave é atitude, pois em tudo na vida, se fizermos uma reflexão, veremos que sempre dependemos de tomar atitude, para o objetivo ser alcançado.

Conhecendo um pouco da história, querendo fazer o Caminho, você agora precisa tomar sua atitude, uma decisão pessoal: lutar e programar-se, para que seu objetivo se torne realidade.

Parcimônia, palavra de economia, que significa fazer a mesma coisa de maneira mais econômica. Portanto, fazendo parcimônia, você vai adquirir condições para tomar sua atitude e atingir seu objetivo de fazer o seu Caminho.

Lembramos sempre que precisa adequar seu tempo, que é precioso, e condições financeiras para suprir os gastos, necessários ao longo do Caminho selecionado.

Atitude é a força máxima que temos para decidir nosso destino.

Quando você vai a uma agência de viagem e compra sua passagem, naquele momento nasce sua atitude, seu verdadeiro compromisso com você mesmo, e seja o que Deus quiser.

Saberá, a partir daí, o dia que partirá e o dia do seu retorno.

Nascem também outras atitudes, o que terá que providenciar, o que levar, que Caminho alternativo irá fazer, programar na sua ausência o que precisará ser feito.

Enfim, depois dessa atitude, inicia-se o seu verdadeiro primeiro Caminho.

Sei que é muito difícil tomar uma atitude para fazer um Caminho desconhecido, mas, se tem esse objetivo, necessita de uma atitude, para que possa realizar o seu sonho.

Sem atitude, nada acontecerá e sempre ficará um desejo que nunca se realizará.

Uma frustração interior, que marcará para sempre, pois na vida arrependemo-nos, apenas, do que não fizemos.

"Às vezes deixamos de ter as boas coisas da vida pela simples falta de tentativa". Temos que procurar fazer o que nos faz bem. Se queremos, podemos! Temos que ser positivistas, a única maneira de lutar para conquistar nossos objetivos.

O segredo é: somos espelho do que queremos ser!A sua atitude premiará sua liberdade, vontades, desejos, prazeres, enfim, uma gama de valores que só o tempo poderá contemplar. Virtudes que conquistará depois da atitude tomada.

Não tenha medo do desconhecido, pois, se você quer, lute pela sua atitude.

Alto do Perdão.

Quarto Mandamento
Escolher o Caminho

Escolher um Caminho é uma decisão muito pessoal. A exigência mínima contida na credencial Del Peregrino, para conceder a Compostela, é fazer a peregrinação com sentido Cristiano, e o certificado de participação para quem fizer por outros motivos, é de 100 quilômetros a pé e a cavalo, e 200 quilômetros de bicicleta.

O país é dividido em cinquenta províncias que, agrupadas entre si, formam onze regiões ou comunidades, onde se concentram diferentes etnias, com língua e culturas próprias e um certo grau de autonomia política.

São lugares distintos, apesar da beleza da paisagem e a sempre generosa acolhida do povo espanhol.

A Galícia mostra uma Espanha camponesa e tranquila, verde e agrícola, que avança até a costa do Atlântico.

Muda a arquitetura das casas, dos costumes e da língua galega, que é a mais próxima do português, já que o catalão, vasco ou basco, asturiano e castelhano apresentam maiores diferenças.

A Espanha está entre Portugal e França, e isso disponibiliza várias alternativas ao peregrino com Caminhos diferentes.

Dentre os vários Caminhos alternativos a Santiago, o Caminho Francês é o mais tradicional. Basta iniciá-lo em qualquer parte da França, como Paris, Le Puy, Arles, Vezenay, Saint-Jean-Pied-de-Port Hendaya, Somport, sendo que a porta de entrada na Espanha, pelo Caminho francês, se você o eleger, inicia-se em Hendaya. Você irá fazer o Caminho do Norte, passando pelo País Basco, Cantábria, Astúrias e Galícia.

Escolhendo Saint-Jean-Pied-de-Port, irá fazer o mais tradicional Caminho Francês, entrando na Espanha pela Província de Navarra, Logronho, Castilha e Leon, e terminando na Galícia.

Optando por Somport, entrará na Província de Aragon, fazendo aí o Caminho Aragonês, que se encontra com o tradicional Caminho Francês em Puente de La Reyna.

Os Dez Mandamentos do Caminho de Santiago de Compostela

Outra alternativa é o Caminho da Via de La Plata, que se inicia dentro da Espanha, em Sevilha, Província de Andaluzia, passando por Extremadura, Castilha e Leon, e finalizando na Galícia.

Esse, o maior desafio pela distância, pois, são 1.000 quilômetros a Santiago, e não é aconselhado no verão, pelo forte calor das Províncias de Andaluzia e Extremadura.

Em Portugal pode ser feito o Caminho Português, de qualquer parte de Portugal. Embora sem muitas tradições de acolhida ao peregrino, pode-se adaptar perfeitamente entre Monastérios, Hospedarias, Hotéis, Pousadas e Albergues.

Muitos iniciam em Tuí, que são 107 quilômetros de Santiago, o suficiente para ser condecorado com a Compostela ou Certificado de participação.

Se optar pelo Caminho do Norte, iniciando por Hendaya, na França, caminhará pelo plano, entrando na Espanha por meio de uma pequena ponte e chegando a Irum, já no País Basco Espanha.

No tradicional Caminho Francês, terá que subir a montanha dos Pirineus desde Saint-Jean-Pied-de-Port. Depois de 20 quilômetros para cima, ainda terá 5 quilômetros para baixo até Roncesvalles, já na Espanha. Uma grande parte de peregrinos teme essa etapa, pois é considerada a mais dura de todas. Possui dois pontos de água, um minialbergue com bar, depois de 8 quilômetros de subida. Não é aconselhável fazer essa etapa no inverno, como também todo o Caminho, que sempre é muito frio. Poderá nevar, não há muitos recursos e a sinalização fica comprometida. É difícil, mas não impossível, pois já passei por ela várias vezes em um tempo de 7 a 9 horas de caminhada, com algumas paradas, para descanso. Terá que levar alguma coisa para comer, pois não tem onde comprar, salvo no minialbergue.

E, optando por fazer o Caminho Aragonês, iniciará sua caminhada descendo, pois Somport, que está ao lado de Candanchú, uma estação de ski, está no alto, e terá que caminhar para baixo.

Você, peregrino, terá que decidir estrategicamente que Caminho fazer, de onde irá começar e adaptar-se ao tempo de que disponibilizará entre sua ida e volta.

São várias as alternativas; portanto, terá que decidir antes, para não se atrapalhar entre o Caminho e o tempo que terá para percorrê-lo.

Alguns peregrinos fazem uma parte em uma data e, quando não dispõem de todo o tempo para sua conclusão, retornam em outra data e retomam o

Os Dez Mandamentos do Caminho de Santiago de Compostela

Caminho de onde teriam parado, pois o que vale são os carimbos na Credencial Del Peregrino dos Albergues, Igrejas, Monastérios, Bares, Prefeituras e Escolas que o peregrino encontra ao longo do Caminho.

Tenho, como norma, carimbar minha Credencial onde durmo. Assim, uso apenas uma credencial, que possui 40 espaços para ser carimbada.

Além desses Caminhos, você poderá adaptar-se a qualquer rota dentro da Espanha, como saindo da capital Madrid até encontrar um Caminho tradicional. São alternativas pessoais, que terão que ser adaptadas com Hostal, Paradores, Igrejas, Monastérios e Albergues.

Quando se fala em Hostal, seria como se fosse um hotel normal, e o Parador seria um hotel mais categorizado, obviamente mais caro.

Cada um faz o seu Caminho, portanto programe-se, de acordo com o tempo de que dispõe para fazer o seu Caminho.

O Caminho de Santiago não é uma maratona, nem uma pista onde se põe à prova a resistência física. É, sim, uma prova, de sua humildade e uma lição realista face as suas possibilidades humana e espiritual!

O autêntico Caminho é aquele que cada um vai fazendo por dentro. Esse poder fazer: que você encontre a si mesmo e transforme toda a sua vida.

"O turista exige;

  o peregrino agradece."

Com Pão e vinho se faz o Caminho!

O Caminho se inicia na saída da porta de sua casa.

Puente de La Reina.

Quinto Mandamento
O que Levar

Depois de decidir qual Caminho fazer, terá que saber o que levar!

Diante de tantas informações, lendo livros, acessando *sites* na internet, assistindo a palestras, conversando com peregrinos, o futuro peregrino fica preocupado em saber: O Que Levar, que é o quinto Mandamento.

Lembre-se que um verdadeiro Peregrino se difere de um Andarilho, pois este é aquele que caminha sem destino, preparo, preocupação, enfim, diferente do Peregrino, que terá um destino com começo, meio e fim. Preparado com um guia das etapas, preocupado em seguir as normas de convivência nos albergues, restaurantes, igrejas.

Deve levar uma mochila, no máximo de 60 litros, sendo o ideal de 40 a 50 litros, pois terá que caminhar todas as etapas carregando sua nova casa nas costas, uma mochila com peiteira e barrigueira.

Nunca levar mais do que 10 quilos, caso contrário, sofrerá com o peso que o levará a jogar fora, doar para algum albergue ou pessoa e, até mesmo, despachar pelo correio no seu destino final, coisa que sempre acontece por desinformação.

Terá que levar um saco para dormir (*sleep bag*), pois nos albergues não há roupas de cama. Portanto, compre um saco, o mais leve possível, de preferência de 500 gramas, que tem o mesmo efeito de um de 2 quilos.

Minha sugestão em relação à toalha: leve uma fralda de bebê, pois é leve e tem 3 funções: primeiro você se enxuga, depois servirá para ser sua fronha e, de manhã, coloque-a no pescoço, para quebrar o frio do início da caminhada.

Uma **necessaire**, para colocar seus objetos de uso pessoal, sabonete, xampu, barbeador, fio dental, escova, trim, tesoura, linha, cotonete, bandaid, *coompeed*, mercúrio, comprimidos relaxantes musculares, antinflamatório, analgésico, protetor solar e outros.

Roupas leves, de preferência, fáceis de lavar e enxugar, na média duas ou três peças de cada, uma pequena blusa de frio, tênis ou bota. Já usei os dois.

Bota dá uma grande firmeza, mas, com excesso repetitivo da caminhada, você terá dor na panturrilha.

Já um bom tênis de *tracking e gore-tex*, que é à prova de água, sempre será o ideal.

Compre antes e use-o, para melhor adaptação ao longo do Caminho.

Em relação a meias, foram lançadas no mercado meias anti-bolhas, sem costura, o que é melhor, para não proporcionar as famosas bolhas dos peregrinos, pois uma meia com costura e um calçado inadequado, com certeza, irão formar bolhas no peregrino.

Uma boa dica é levar um tubo de vaselina líquida, passar nos pés antes de iniciar a caminhada com meias anti-bolhas e uma fina por fora.

Nunca tomar banho e depois caminhar, sempre tome banho no dia anterior, pois a umidade do banho, por mais que você se enxugue, lhe causará bolhas.

Na Espanha, normalmente as farmácias oferecem um produto que se chama *Coompeed*. Ele é uma espécie de silicone no formato anatômico de várias partes do pé, que, ao esfregar com as mãos, se aquece e adere à bolha como se fosse uma segunda pele, o que alivia, para uma nova jornada.

Nunca corte a pele da bolha; sempre perfure-a com uma agulha e um pedaço de linha e depois dê um nó, porque assim a bolha eliminará o líquido, drenando-a, e na manhã seguinte retire a linha, passe um mercúrio e coloque o *Compeed*, para seu conforto.

Sempre que estiver caminhando e sentir que entrou uma pedra na bota ou no tênis, pare imediatamente e retire-a, pois essa pequena pedra poderá ser a causadora de bolha. Também, se estiver com uma meia inadequada, tire-a e coloque-a do avesso, pois assim a costura não lhe causará uma bolha indesejada.

Terá que levar um recipiente para água, um cantil leve ou até mesmo um recipiente de plástico de algum suco ou refrigerante, um chapéu leve, que tampe a nuca, pois, com o passar do tempo o sol muda de posição.

Alguns peregrinos ornamentam suas mochilas com bandeiras do Brasil, clubes de futebol e a Concha Símbolo do Peregrino; uma capa de chuva leve, um varal improvisado, com uma cordinha ou um cabo usado em moto, para segurar capacete, pois, em caso de chuva, improvisará um varal dentro do Albergue e alguns prendedores contra o vento.

Os Dez Mandamentos do Caminho de Santiago de Compostela

O cajado é uma tradição do peregrino, pois seria a terceira perna e a proteção em algumas situações, no caso de subidas e descidas, e também animais. Enfim, é opcional.

Você pode levar, comprar no caminho ou fazer um, cortando de alguma árvore ao longo do Caminho.

Há peregrinos que chegam a usar até 2 cajados de uma vez, como se fossem 4 pernas.

É muito importante levar uma pequena pochete, para seus documentos, credencial Del Peregrino, cartões de crédito, telefone, passagem e dinheiro.

A credencial Del Peregrino poderá ser solicitada na Associação dos Amigos do Caminho de Santiago do seu Estado ou Região.

Caso não consiga aqui no Brasil, no Primeiro Albergue você solicita, pagando simbolicamente 1 Euro. Ela será seu Passaporte, para adentrar nos Albergues e no final receber sua condecoração. Nela você irá colocar seus dados pessoais, nº do Passaporte, endereço e usará para receber os carimbos por onde passar, colocando as datas e também colocará de que maneira fará o seu Caminho: a pé, de bicicleta, a cavalo.

Para quem fuma, somente irá comprar cigarros em Tabacarias "Tabaco"; não precisa procurar em outro lugar, que não encontrará.

Conseguirá também nas tabacarias ou algumas lojas "Tiendas" cartão de telefone, que facilitará seu contato em qualquer cabine telefônica pública.

Em relação a dinheiro, terá que prever que gastará reais até entrar no avião rumo à Europa, e quando voltar terá que ter um pouco para as despesas de retorno a sua casa.

Em Portugal, Espanha e França a moeda é o euro, e os cartões de crédito são aceitos em toda parte.

Toda cidade tem suas agências bancárias com funcionamento em diferentes horários, portanto observe quanto dinheiro você tem, para não ter transtorno com horários bancários.

Sempre é bom ter uma reserva em reais e euro, pois quem leva em *travellers cheques* tem a garantia contra perda ou roubo e terá que fazer uso de banco ou casa de câmbio, para troca.

Além da passagem que o leva até Madrid, precisa prever que, até o início da sua caminhada, terá gastos, que poderão ser com passagem de ônibus, trem

Os Dez Mandamentos do Caminho de Santiago de Compostela

ou avião, como também terá as despesas de retorno de Santiago a Madrid.

Quanto a frutas, vale lembrar que nunca se deve colocar as mãos nas mesmas, sempre pedindo o fruto que quiser, para o dono do estabelecimento, com exceção de grandes supermercados, ou ao longo das caminhadas, que disponibilizarão algumas frutas, que colherá e precisa ser lavada pelo grande índice de defensivos agrícolas, para proteção.

Nos albergues, às vezes há disponibilidade de frutas da época, que são doadas por voluntários do Pueblo.

Quanto a refeições, poucos almoçam e jantam, sempre substituem o almoço por um lanche, que é bem difundido ao longo do Caminho nos bares e restaurantes, comendo os famosos bocadilhos ou as tortilhas.

Bocadilho de Ramon, que é o presunto de pernil defumado com queijo, tomate, atum ou até mesmo com a tortilha dentro do pão.

E a tortilha nada mais é do que a nossa tradicional omelete, ora com queijo, ramon, atum ou chouriço, que é a linguiça defumada.

E no jantar, é uma tradição o Menu do Peregrino, sempre à partir das 20 horas. Nesse menu, você, de 4 alternativas, escolhe seu primeiro prato como se fosse a entrada, e em seguida, diante de mais 4 alternativas, escolherá o prato principal, seguido do postre, que é nossa sobremesa.

Água, pão, azeite e uma botelha de vinho fazem parte do menu, que gira em torno de 8 a 12 euros.

Outra alternativa é comprar o que quiser em um supermercado e fazer no Albergue, que sempre disponibiliza uma cozinha com geladeira, fogão, pratos, talheres, e sempre os peregrinos deixam alguma coisa como sal, açúcar, óleo, pasta, frutas e verduras, para serem aproveitados pelos próximos peregrinos. Daí você poderá fazer sua comida ou compartilhar com outros peregrinos uma comida coletiva.

Levar também um guia, apenas, com as etapas, para diminuir o peso, e uma máquina fotográfica, para registrar momentos inesquecíveis.

Lembre-se: se tiver planos para viajar depois do Caminho, precisa prever onde deixará sua mala de roupas, para fazer seu turismo.

O que levar no Caminho é muito pessoal, mas tenha certeza de que será muito importante, para seu conforto, quanto menos peso conseguir levar.

Os Dez Mandamentos do Caminho de Santiago de Compostela

O verdadeiro peregrino vive e caminha com muito pouco, o suficiente para sobreviver durante sua opção escolhida, para fazer o seu Caminho.

Além dos documentos pessoais, passagens, cartões de crédito, dinheiro, para quem paga o INSS, é possível solicitar em uma agência ou pela internet uma certidão de que está em dia com suas obrigações, que muito valerá no sistema de saúde europeu. Caso contrário, é de bom senso fazer um seguro saúde.

Levar uma pequena lanterna, pois, à noite, nos albergues, sempre após as 22 horas, apagam-se as luzes, e pela manhã, dependendo do horário de época, precisa-se de uma, para clarear a sinalização das setas amarelas ou qualquer indicação do Caminho.

Saber conviver em Albergue.

Sexto Mandamento
Conviver em Albergue

O representante do albergue é o hospitaleiro ou a hospitaleira que recebe o peregrino.

Ao chegar, terá que apresentar sua credencial e a partir daí terá o acesso a uma cama ou beliche, um banheiro, tanque para lavar suas roupas, sendo que alguns possuem máquinas de lavar e uma cozinha, onde poderá fazer ou compartilhar suas refeições e lanches com outros peregrinos.

Normalmente, não há roupas de cama, então você terá que abrir seu saco de dormir e, como já falei, sua fronha será a fralda ou terá que levar a sua.

Existem vários tipos de albergue. Aqui no Brasil, geralmente o albergue é para o indigente andarilho. Já no caminho, o Albergue é um espaço que acolhe o peregrino.

Temos o Albergue monitorado pela Igreja, que estabelece donativos, ou seja, dá o que quiser e retira o que necessita.

Outro tipo é o Albergue monitorado pelo Estado ou Prefeitura, com regras estabelecidas de cobrar um mínimo, para manter suas despesas de água, luz, gás, materiais de limpeza, etc.

E outra modalidade é o Albergue Privado, com preços maiores estabelecidos, mas com maiores regalias, como piscina, TV, bar, etc.

Normalmente, o peregrino tem o direito de estar por uma noite em cada albergue, salvo nos casos de saúde, como bolha, tendinite, gripe, diarreia, etc. Terá, então, o apoio do hospitaleiro até a solução de seu problema.

Existem vários albergues, em que poderá encontrar hospitaleiros ou voluntários brasileiros, e em Vega de Valcarce, tem um Albergue do Brasil, cheio de regras e normas, mas matará um pouco da saudade, que o envolve pelos dias em que está distante da família e do seu país.

Muitos Albergues disponibilizam computadores (ordenadores), o que facilita o peregrino, como também todo povoado (pueblos) ou cidade possuem *Cyber*.

Alguns Albergues têm horários para abrir e fechar. Normalmente abrem em torno de 13 horas e encerram às 22 horas.

Os Dez Mandamentos do Caminho de Santiago de Compostela

Pela manhã, terá que desocupar até as 8 horas, para iniciar a limpeza.

Existem albergues que liberam o horário de encerramento e o de entrada, a qualquer hora da noite. Mas sempre, por respeito ao colega peregrino, tem que evitar o barulho, para o descanso e repouso durante a noite.

E pela manhã, sempre acordará com o barulho do celular. Há peregrinos que deixam para fechar sua mochila ao acordar, dentro do quarto. Eles deveriam sair e arrumar fora, pois o barulho sempre perturba e acorda o peregrino.

Nunca deixar coisas de comer com a mochila aberta, pois poderá receber a visita de um rato ou barata, dependendo do albergue.

Nunca acenda a luz enquanto o peregrino estiver dormindo, isso é um desrespeito. Alguns albergues possuem quarto para roncadores, pois o ronco pode incomodar os companheiros. Portanto, se você tem esse hábito, pergunte ao hospitaleiro sobre um espaço no Albergue, para você.

Alguns albergues disponibilizam mantas. Para quem tem frio à noite, isso resolverá o problema.

Nos albergues, você encontrará pessoas de todas as partes do mundo, credo, religião, peregrinos e pessoas que se fazem passar por peregrino, por um turismo barato, pois, como já disse, dependendo do albergue, você fica por donativo de até 15 euros, que, se comparado com um hotel, é muito barato, como também o menu do peregrino, que fica bem em conta, para economizar ao longo do Caminho.

Uma tradição espanhola é a siesta, entre 13 e 17 horas. Normalmente, em cidades pequenas (Pueblos), fecha-se o comércio, e pode-se fechar parte do comércio em cidades maiores, mantendo a tradição.

Alguns possuem um livro, para você escrever sua opinião sobre o Caminho ou a acolhida no albergue.

Você lerá opiniões de vários peregrinos de várias nacionalidades, sempre o impulsionando para sua chegada com muita fé e determinação.

Sua mensagem de otimismo ajudará o próximo peregrino, que passar e ler.

Em anos compostelanos, o número de peregrinos aumenta, e neste ano de 2010 teremos o ano Jacobeu: todo ano em que 25 de julho cai em um domingo, dia do martírio de São Tiago, comemora-se o Ano Santo Compostelano.

A Catedral de Santiago possui uma Porta do Perdão, que só se abre em anos Compostelanos.

Os Dez Mandamentos do Caminho de Santiago de Compostela

Desde primeiro de janeiro de 2010 ela foi aberta e ficará até o dia 31 de dezembro.

No século XX, celebraram-se 16 Anos Santos, e agora, no século XXI, 2010 é o segundo, pois o primeiro foi em 2004.

"O Ano Compostelano tem uma finalidade principalmente religiosa.

Encorajo-vos, pois, a preparardes bem este acontecimento, para que ele seja um verdadeiro ano de graça, de conversão e de testemunho... que anime a evangelização da sociedade, como o grande fruto espiritual". João Paulo II, 29 de setembro de 1997.

Em anos compostelanos, com o número maior de peregrinos, os albergues normalmente ficam lotados, principalmente nos meses de junho e julho, em que todos querem chegar a Santiago para a grande festa do dia 25 de julho.

Se quiser mais conforto e menos peregrino, terá que se programar, para datas que não coincidem com junho e julho.

Nessa época, devido ao grande fluxo de peregrinos, as juntas disponibilizam, em alguns albergues, barracas, tendas e até mesmo containers, para acolher o peregrino.

Fazer do Albergue uma parte da sua casa, com respeito e solidariedade, é o ponto forte do peregrino.

Nem todos os albergues dispõem das mesmas comodidades, e os peregrinos deverão aceitar de bom grado o que se oferece, sabendo sempre que é fruto de um trabalho desinteressado de muitas pessoas voluntárias em favor dos peregrinos.

Em todo momento há que se comportar com educação, ajudar a manter limpas as instalações e cuidar delas pensando nos próximos peregrinos.

A maior parte dos refúgios não tem nenhum tipo de subvenção oficial para sua manutenção, e alguns são gratuitos, porém é necessário que todos os peregrinos colaborem com donativos, para manutenção e limpeza dos mesmos.

Em geral, não se admitem reservas, e os lugares serão ocupados pelos primeiros a chegar, principalmente quem faz a peregrinação a pé.

Existe exceção, pois nos albergues privados é possível marcar uma reserva.

Os albergues são de uso exclusivo dos peregrinos no estilo tradicional e que portam a Credencial Del Peregrino.

Catedral. Fachada do Obradoiro.

Pórtico da Glória (Catedral).

Botafumeiro (Turíbulo).

Tumba.
Catedral. Arca de Prata com a Relíquia do Apóstolo.
(Restos Mortais de Santiago).

Sétimo Mandamento
Ir à missa

Para ser peregrino, necessita-se fazer a peregrinação por motivação religiosa-cristã prioritariamente, mas também unida a uma busca cultural. O essencial, não obstante, na peregrinação, é fazê-la com espírito de fé, e este pode-se ter utilizando qualquer meio de transporte.

A Igreja, especialmente num Ano Santo, abre a todos as suas portas e convida a todos para que assumam o Espírito da Peregrinação.

Não precisa, obrigatoriamente, ser católico para fazer o Caminho, pois pessoas de todos os credos o fazem. Disso tenho certeza, pois tive a oportunidade de caminhar e conhecer um iraniano muçulmano, que mora na Suécia, meu grande amigo peregrino Kamyar.

Três missas são marcantes no Caminho tradicional Francês.

A primeira é em Roncesvalles, com a tradicional Bendição ao Peregrino e muita emoção, com lágrimas, em um momento mágico, no início do Caminho.

A segunda é em Rabanal Del Camino, uma etapa depois de Astorga, tradicional pelas mantegadas, cozido maragato e a única obra fora da Catalunia do grande Arquiteto Gaudi, um Palácio Episcopal. É uma missa inesquecível, com cantos gregorianos e celebrada em latim.

E a missa culminante, que representa todos os caminhos, é a do Peregrino, às 12 horas, todos os dias, na Catedral de Santiago de Compostela.

Pela manhã, depois de receber sua Compostela ou Certificado de Participação na Oficina do Peregrino, próximo à Catedral, o peregrino visita o interior da Catedral, subindo suas escadarias e adentrando em seguida. Logo no início, desfrutará de uma magnífica obra de arte medieval por Mateo, que é o Pórtico da Glória, no qual antes se podia colocar as mãos como agradecimento de uma missão vencida, mas agora está proibido esse ato, para preservação da obra de arte.

Em seguida, o Peregrino passa por Capelas e se deslumbra com um órgão acima.

Os Dez Mandamentos do Caminho de Santiago de Compostela

No centro do altar está uma estátua de São Tiago, em ferro e bronze, no qual é possível dar um abraço, após subir por uma escada.

Logo em seguida, o peregrino desce e, embaixo do altar, está o Sepulcro do Apóstolo São Tiago com seus restos mortais; é o momento do encontro com o Santo e de fazer orações e agradecimentos.

Próximo está a Porta do Perdão, que, nos Anos Santos, é aberta com a mística de perdoar os pecados, por quem passar por ela.

Sempre é bom chegar antes de iniciar a Missa, para ocupar um bom lugar, pois é uma Missa muito disputada por peregrinos e turistas.

Uma decepção do peregrino é não ter um lugar disponível, para quem caminhou vários dias com sacrifício e fé, para, naquele momento, sentir-se apenas um na multidão.

Certa vez, aborrecido com isso, questionei o Padre responsável pela Catedral e ele me disse: "Todos que aqui venham são peregrinos, seja o verdadeiro peregrino ou o turista, pois todos são iguais". Fazer o quê, diante de uma posição do representante da Catedral.

O padre (cura) que irá celebrar a Missa, antes de iniciar, fala de onde o peregrino iniciou o Caminho e de que país ele é. Momento de expectativa, para ouvir "Brasil".

O momento de maior emoção, e não há como conter as lágrimas, é o ritual do Botafumeiro (Turíbulo), com 50 quilos e 1,10m de altura. Oito padres ou ajudantes voluntários, por meio de uma corda e uma roldana, fazem correr o Botafumeiro no alto da direita para a esquerda, com incenso indiano, para purificação da alma. Segundo a história, era uma maneira de amenizar o mau cheiro do peregrino no passado, que não tinha as condições higiênicas que hoje o peregrino possui.

Nesse momento mágico, ao som do órgão, que é maravilhoso, todos se emocionam e querem ter a recordação, com muitas fotos. Momento de alegria e de confraternizações com aqueles que você conheceu ao longo da sua peregrinação.

Bodegas de Irache.

Oitavo Mandamento
Eliminar a Ansiedade

O futuro peregrino passa por várias provas antes de iniciar as verdadeiras etapas do Caminho de Santiago de Compostela. Com milhares de informações de livros, internet, palestras, jornais, revistas, programas de TV, amigos peregrinos, etc. Dentro desse mar de informações, ele fica inseguro, com medo do desconhecido, o que é normal. Quando tomar todas as providências e sair de sua casa, para iniciar o seu Caminho, o grande conselho é eliminar a ansiedade, pois, como a pressa sempre foi inimiga da perfeição, a ansiedade poderá atrapalhar da mesma forma.

Quando pela primeira vez trilhei o Caminho de Santiago, sem muita informação, inseguro e com muita ansiedade, não desfrutei dele como nas outras vezes, em que, eliminando essa ansiedade, pude desfrutar muito mais. Como seu guia saberá o percurso que irá trilhar e, com certeza, a presença das setas amarelas sinalizando sua etapa, você vai chegar. Deixe a ansiedade de lado, para um melhor aproveitamento do seu Caminho.

Caminhando sozinho, sempre irá encontrar outro peregrino e, se quiser, com certeza irá fazer amizade com ele. Agora, lembre-se sempre: caminhe no seu ritmo. Se o ritmo do outro peregrino for maior do que o seu, jamais poderão caminhar juntos, porque com certeza, você terá um esforço maior que sua capacidade, e isso, sem dúvida, irá prejudicá-lo. A boa alternativa é combinar de se encontrarem no Albergue, assim, manterá sua amizade e o seu bom estado físico, que é essencial.

Outro problema é fazer o Caminho em grupo. Isso sempre gera problemas, pois a cada momento, alguém quer parar para um descanso, outro quer continuar caminhando; um quer parar em uma determinada etapa, outro quer continuar; um tem problema de saúde, como tendinite, bolha, febre, etc., e o grupo quer continuar. Como deixar o amigo com problema para trás? Enfim, caminhar em grupo, particularmente, pelas experiências que já passei, não aconselho.

Fazer o Caminho de bicicleta é somente para quem não dispõe de tempo suficiente e gosta muito de pedalar. Normalmente, quando você conhece algum peregrino que está fazendo o Caminho de bicicleta, somente o verá naquela oportunidade. Geralmente, o peregrino caminha de 20 a 35 quilô-

Os Dez Mandamentos do Caminho de Santiago de Compostela

metros por dia, já o peregrino de bicicleta costuma fazer de 80 a 100 quilômetros por dia. É impossível reencontrá-lo. O ciclista corre muito risco nas estradas (carretera), sem contar os problemas de saúde e técnicos, que por ventura possam surgir, como casos de profundas assaduras, tendinites, tombos, pneus furados e estourados, quebra de garfos, perda de freios, etc. E outro inconveniente é passar rápido pelos Caminhos Pueblos e cidades sem conhecer nada. Apenas dizer que passou. Uma verdadeira ansiedade, que acho não valer a pena.

Outro problema decorrente dessa atitude é ocupar o lugar do verdadeiro peregrino, no Albergue, que se sacrifica na sua caminhada e, quando chega, não tem onde ficar, tendo que dormir no solo, às vezes na cozinha, sala ou algum outro lugar a que se adapte, pois está cansado e não consegue caminhar mais e tem que dormir no desconforto, porque o ciclista ocupou seu possível lugar no Albergue.

Já quanto a fazer o Caminho a cavalo, não tenho muita informação, pois esse índice me parece muito pequeno, e poucas vezes ao longo dos meus 10 Caminhos alternativos a Santiago, vi algum peregrino fazendo essa rota de fé.

Portanto, elimine a ansiedade e desfrute o Caminho.

Oficina do Peregrino – Condecoração.

Nono mandamento
Ser Condecorado

Grandes nomes foram condecorados em Santiago de Compostela. O primeiro foi São Francisco de Assis, que, no século XIII, entre 1213 e 1215, realizou sua peregrinação a Santiago de Compostela e ali fundou o primeiro convento.

Já no século XX Santiago de Compostela teve a honra de receber os Reis Juan Carlos e Sofia, como também o Papa João Paulo II, que celebrou uma das maiores missas campais do mundo no Monte do Gozo, a 5 quilômetros da Catedral. Ali está erguido um grande obelisco em sua homenagem e a São Francisco de Assis, ilustres peregrinos a Santiago.

Todo peregrino que faz sua peregrinação a Santiago com sentido Cristiano recebe sua condecoração, que é a Compostela, toda impressa em latim, inclusive o nome do peregrino, respeitando-se o nome de família.

Já o peregrino que faz sua peregrinação por outros motivos, como: cultural, esportivo, modismo, outra religião, etc., recebe um Certificado de Participação elaborado em espanhol.

Essas condecorações se dão na "Oficina do Peregrino", ao lado da Catedral de Santiago de Compostela, que possui uma WEBCAM 24 horas voltada para a Praça da Catedral. O peregrino poderá aparecer para seus parentes e amigos, que acessarem a internet, naquele momento, no site da Associação dos Amigos do Caminho de Santiago.

- www.caminhodesantiago.com.br
- www.santiago.org.br
- www.caminhodesantiago.org.br
- www.mundicamino.es

Outras WEBCAM's ficam instaladas ao longo dos Caminhos e na Praça principal do Obradoiro, em frente à Catedral de Santiago de Compostela.

Depois de ser condecorado com a Compostela ou Certificado de Participação, o peregrino pode pôr fim a sua rota de peregrinação, como também seguir em frente, desde a Praça do Obradoiro, diante do Hotel dos Reis Católicos, rumo a Negreira, Olveiroa,

Os Dez Mandamentos do Caminho de Santiago de Compostela

Múxia e Finesterre, onde também, caminhando até Múxia e Finesterre, irá ser condecorado com a Muxiana e a Finesterrana.

São conferidas duas condecorações a mais, para quem, de bicicleta, a cavalo ou a pé, passar por Negreira, Olveiroa, Múxia e Finesterre.

Muitos peregrinos, por falta de uma programação de tempo, recorrem a carro ou ônibus, para conhecer o fim da rota Jacobea, mas, infelizmente, não poderão usar os albergues e nem ser condecorados.

Sinto-me honrado com minhas condecorações. Para mim, que sou advogado de formação e técnico em transações imobiliárias, as condecorações que recebi, ao longo dos meus 10 Caminhos, são as mais importantes da minha vida.

Fazer o Caminho de Santiago de Compostela é estar com Deus no coração do peregrino, uma Dádiva de Deus, uma experiência, que só quem faz, sabe o valor que tem.

Fazer o Caminho é gratificante, é uma decisão muito pessoal, jamais irei induzir alguém a fazê-lo. Portanto, tome a sua decisão pessoal sem interferência de ninguém, pois, só assim, irá estar bem com você mesmo.

Introspecção, solidariedade e amizades são os pontos altos da peregrinação. E sua condecoração é para coroar seu esforço, sua determinação ao longo da sua peregrinação.

Chegada a Santiago.

Décimo Mandamento
Chegar a Santiago de Compostela, Múxia e Finesterre

A Santiago não se vai, a Santiago se chega!

O sonho de todo peregrino é chegar a Santiago de Compostela.

Passa por várias etapas com sol, sombra, chuva, cansaço, bolhas, febre, tosse, fome, sede, etc., mas quer chegar.

A maior parte dos Caminhos alternativos chega a Santiago de Compostela pelo Monte do Gozo, onde há um grande Albergue, que acolherá o peregrino em sua última etapa rumo a Santiago.

Esse Albergue possui restaurante, cafeteria, lavanderia, lojas de conveniência e um hotel para jovens e turistas.

Está a 5 quilômetros da Catedral, e muitos peregrinos que chegam mais cedo dão entrada no Albergue e vão até o centro de ônibus nº 5 ou a pé, para ganhar tempo e receber a sua condecoração na Oficina do Peregrino, para, no outro dia, caminhar até a Catedral e disponibilizar mais tempo para desfrutar das Praças do Obradoiro, de Quintanas e de Praterias em volta da tão sonhada Catedral, como também conhecer o interior da Catedral com um ritual, desde sua escadaria até os restos mortais debaixo do altar principal no Sepulcro do Apóstolo São Tiago.

O peregrino precisa garantir bem cedo o seu lugar para assistir à Missa em sua homenagem, pois, se não garantir um bom lugar, perderá para um turista, pois é uma Missa muito disputada entre turistas e peregrinos.

Muitos peregrinos terminam seu Caminho em Santiago, mas existem os que caminharão até o fim da rota Jacobea.

Em Santiago, o peregrino tem várias alternativas de acomodações, pois sempre são oferecidas casas, apartamentos, pensões, hostal, hotéis, albergues, enfim, uma gama de alternativas, para ficar e desfrutar dessa bela cidade com cerca de 150.000 (cento e cinquenta mil) habitantes, com aeroporto, estação de trem e estação de auto-bus (rodoviária), para o retorno do peregrino.

Os Dez Mandamentos do Caminho de Santiago de Compostela

Antes de 1492, quando Cristóvão Colombo descobriu as Américas, acreditava-se que, pela geografia, num lugar a aproximadamente 90 quilômetros de Santiago de Compostela, em uma península, estava o fim da terra, que em galego é Fisterra, ou, em espanhol, é Finesterre. Para chegar a Finesterre, o peregrino precisa caminhar passando por Negreira e Olveiroa, sendo que depois, saindo de Olveiroa, poderá fazer a opção de ir a Múxia e depois não retornar a Olveiroa, pois existe um caminho que poderá trilhar entre Múxia e Finesterre.

Tanto Múxia quanto Finesterre são cognominadas como fim da rota Jacobea. E, em ambas, o peregrino recebe sua condecoração já falada no nono mandamento: Muxiana e Finesterrana.

Todos os peregrinos que chegam a Múxia são muito bem alojados em um moderno Albergue, com muito conforto.

E sempre querem saber sobre um problema grave, que aconteceu com o afundamento e vazamento de óleo do navio Prestige, que causou sérios danos ecológicos em Múxia, mas graças a Deus um problema que foi diluído com o passar do tempo, e hoje parece nada ter acontecido.

Pela beleza que o peregrino deslumbra no Santuário da Virgem Nossa Senhora da Barca e na Beira do mar, com paisagens maravilhosas, é uma tradição passar por baixo de uma grande rocha cravada, próximo da Igreja e do mar.

Já em Finesterre o peregrino terá que caminhar, do Centro até o farol, três quilômetros mais, para fazer um ritual final de purificação, queimando qualquer objeto usado ao longo da peregrinação.

Um local marcante é o marco zero (0) do Caminho de Santiago de Compostela. Na frente do farol está cravado um par de botas em ferro, onde o peregrino sobe para contemplar o infinito fim da terra e embaixo, fazer sua queimada de purificação e agradecimento por ter chegado até ali.

Uma dádiva de Deus, um privilégio conquistar em Finesterre a sua chegada. Sensação de glória e de dever cumprido. Que Santiago lhe mostre o melhor Caminho e que Deus ilumine a todos nós.

Normalmente, o peregrino fica um ou dois dias em Finesterre, desfrutando das praias e comidas típicas da Galícia, com excelentes peixes e frutos do mar. Não se esquecendo de conhecer os Hórreos, espécie de paiol típico da Galícia. E apreciar o canto das gaivotas em toda Finesterre.

Minidicionário Português – Espanhol
Vocabulário

A

Abacate	Aguacate
Abacaxi	Ananás
Aberto	Abierto
Abóbora	Calabaza
Adega	Bodega-Taberna
Aeroporto	Aeropuerto
Alface	Lechuga
Almoço	Almuerzo-Comer
Alguma coisa mais	Algo más?
Almôndega	Albóndiga-Croqueta
Amável	Amable
Amendoim	Cacahuetes

Ameixa	Ciruela
Armazém	Tienda
Arroz	Arroz
Arroz Doce	Arroz com Leche
Até logo	Hasta luego

B

Banana	Plátano
Banheira	Banera
Banheiro	Bano
Batatas Fritas	Papas Fritas
Beliche	Litera
Belo	Hermoso
Beterraba	Remolacha
Bife	Filete de Ternera
Boa Noite	Buenas Noches
Boa Tarde	Buenas Tardes
Bolhas	Ampollas
Bolo	Madalena
Bom	Bueno
Bom Dia	Buen Dia

C

Cachorro	Perro
Café com Leite	Café con Leche
Café da Manhã	Desayuno
Café Pingado	Cortado
Camarão	Gamba
Caminho	Camino
Cardápio	La Carta
Carro	Coche
Cedo	Temprano
Cenoura	Zanahórias
Chá	Te
Chapéu	Sombrero
Chateado	Aburrido
Chope	Canha
Chover	Llover
Colocar	Poner
Começar	Comenzar
Convidar	Invitar
Colher	Cuchara

Copo	Vaso
Cozinha	Cocina
Cozinhar	Cocinar
Cozinheiro	Cocinero
Creme	Crema, Nata, Natilla
Crer	Creo

D

Doente	Enfermo

E

Entende	Entiende
Esquecer	Olvidar
Ervilha	Judia
Estação de Trem	Estacion de Trem

F

Faca	Cuchillo
Falar	Hablar
Farmácia	Farmacia

Os Dez Mandamentos do Caminho de Santiago de Compostela

Fechado	Cerrado
Feijão	Aluvia
Fome	Hambre
Forte	Fuerte
Frango	Pollo
Frango Assado	Pollo al Horno
Frango Frito	Pollo frito

G

Galinha	Gallina
Galo	Gallo
Garçom	Mozo
Garfo	Tenedor
Garrafa	Botella
Gorjeta	Propina
Guarda-Chuva	Paragua
Guardanapo	Servilleta

I

Ir Dormir .... Acostarse

J

Jantar .... Cenar
Joelho .... Rodilla

L

Leite e Pão com Manteiga .... Leche y Pan con Mantequilla
Lentilhas .... Lentejas
Linguiça .... Chorizo
Lombo .... Filete de Lomo
Longe .... Lejos
Lugar .... Sítio
Lula .... Calamares

M

Maçã .... Manzana
Mal .... Malo
Massa .... Pasta

Os Dez Mandamentos do Caminho de Santiago de Compostela

Melancia	Sandia
Morango	Fresa

N

Não posso mais	no puedo más
Neve	Nieve

O

Omelete	Tortilla
Onde	Donde
Ontem	Ayer
Outono	Otono

P

Padre	Cura
Peixe	Pescado
Pimentão	Pimiento
Polvo	Pulpo
Presunto	Jamón
Primavera	Primavera

Pronto .... Listo
Pudim .... Flan

R

Restaurante .... Assador-Mesón
Rodoviária .... Estacion de Auto Bus

S

Salada de Frutas .... Macedônia
Salada Mista .... Ensalada Mista
Salada Russa .... Ensalada Russa
Sanduíche .... Bocadillo
Sobremesa .... Postre
Sorvete .... Helado
Suponho .... Supongo

T

Torrada .... Tostada
Torta .... Tarta
Travesseiro .... Almohada

Os Dez Mandamentos do Caminho de Santiago de Compostela

Trazer .... Traer

V

Vargem .... Judia
Verão .... Verano
Vinho .... Vino
Vir .... Venir
Voltar .... Volver

X

Xícara .... Taza

Dias da Semana

Segunda-Feira .... Lunes
Terça-Feira .... Martes
Quarta-Feira .... Miércules
Quinta-Feira .... Jueves
Sexta-Feira .... Viernes
Sábado .... Sábado
Domingo .... Domingo

Os Dez Mandamentos do Caminho de Santiago de Compostela

Meses do Ano

Janeiro	Enero
Fevereiro	Febrero
Março	Marzo
Abril	Abril
Maio	Mayo
Junho	Junio
Julho	Julio
Agosto	Agosto
Setembro	Septiembre
Outubro	Octubre
Novembro	Noviembre
Dezembro	Diciembre